まいにち元気!

2歳児のあそびBook

チャイルド本社

まいにち元気！
2歳児のあそびBOOK

Contents

4月のあそび

5月のあそび

6月のあそび

7月のあそび

8月のあそび

9月のあそび

10月のあそび

11月のあそび

12月のあそび

1月のあそび

2月のあそび

3月のあそび

キラキラほっぺ

ねらい

保育者のまねをして遊ぶことで、保育者に親しみを感じる。

1

保育者と子どもは向き合って座り、子どもは保育者のまねをします。保育者は「キラキラ～」と言って手をひらひらさせ、「ほっぺ」と言って両手を頬に当てます。

2

「クルクル～」でかいぐりし、「ほっぺ」で両手を頬に当てます。

3

「シャカシャカ～」で両手を下げて左右に動かし、「ほっぺ」で両手を頬に当てます。

4

「イチ、ニ、イチ、ニ」でかけっこのように腕を前後に動かし、「ほっぺ」で両手を頬に当てます。

集まれ 広がれ

ねらい

保育者の言葉を聞いて、みんなでいっせいに動くことを楽しむ。

1

人数分の椅子を半円形に並べて、その手前3ｍくらいの所にマットなどを敷いて「おうち」とします。そこへ子どもが座ります。

2

保育者が「お椅子に行ってらっしゃーい」と言ったら、子どもたちは椅子に座ります。

3

「おうちに帰っておいでー」と言ったら、子どもたちはマットに戻ります。

子どもの様子を見ながら、椅子とマットの距離を遠くしたり、椅子の間隔を広げたりしてみましょう。

ニョロニョロへび

ねらい

保育者に親しみをもちながら、追いかけっこを楽しみ、縄に興味をもつ。

1

保育者が縄をいろいろ動かして見せます。

最初に縄の動きを見たり、縄を触ったりすることを十分に楽しみましょう。

2

縄をへびのように動かし、子どもが触ろうとしたら手前に引いて逃げ、ある程度逃げたら捕まえられるようにします。

りんりんボール投げ

1

保育者が低い位置でフープを持ち、的を作ります。

ここに投げてね
短いひもで鈴をフープに結び付け、ポリ袋をピンと張り、セロハンテープでフープに留める。

2

子どもたちは玉入れの玉を、的を目がけて投げます。

上手！
エイッ！
次はわたしの番だね

的に玉が当たると、鈴の音が鳴りボールが跳ね返ります。
保育者は、玉が当たる瞬間にフープを押し出し、当たった玉を跳ね飛ばします。

ねらい

鈴が鳴る的に玉を投げる遊びを楽しみ、当たった満足感を味わう。

キャッチおにごっこ

ねらい

保育者とのスキンシップを楽しみながら、体全体を使って遊ぶ。

子どもたちがおにになり、保育者を捕まえます。

保育者は、頃合いを見計らって止まり、追いかけてくる子どもたちに捕まります。
捕まえられたら、ギュッと抱きしめてあげましょう。

ぐんぐん ぐーん

グーとパーを使った手遊びです。最後の「チューリップ」を「たんぽぽ」などに替えても楽しいでしょう。

ねらい

「芽が出る」「葉が出る」「花が咲く」などの変化を手で表現して遊ぶ。

1 ♪ぐんぐん　ぐーん

両手をグーにして自由に振ります。

2 ♪めが　でたよ

両手のグーを合わせて「よ」で上げます。

3 ♪ぱっぱっ　ぱーっと

両手をパーにして自由に振ります。

4 ♪はっぱ　でて

パーにした両手を合わせてから「でて」で上に上げて開きます。

5 ♪ちっちゃな　ちっちゃな

❶と同様にします。

6 ♪つぼみが　できた

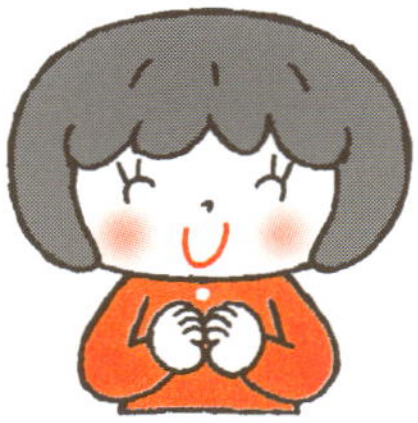

両手をグーにして合わせます。

7 ♪ぱーっと　さいたよ

両手を合わせたまま、指を開いて花の形を作ります。

8 ♪チューリップ

3回拍手します。

ぐんぐん　ぐーん

作詞・作曲／浅野ななみ

ぐん ぐん ぐー ん め が で た よ ぱっ ぱっ ぱー っと はっ ぱ で て
ちっ ちゃ な ちっ ちゃ な つ ぼ み が で き た ぱー っ と さ い た よ チュー リッ プ

列車が通ります

ねらい

列車を引くという遊びで楽しくたくさん歩く。

1

子どもがひもを持って、列車を引きながら歩きます。

列車の作り方

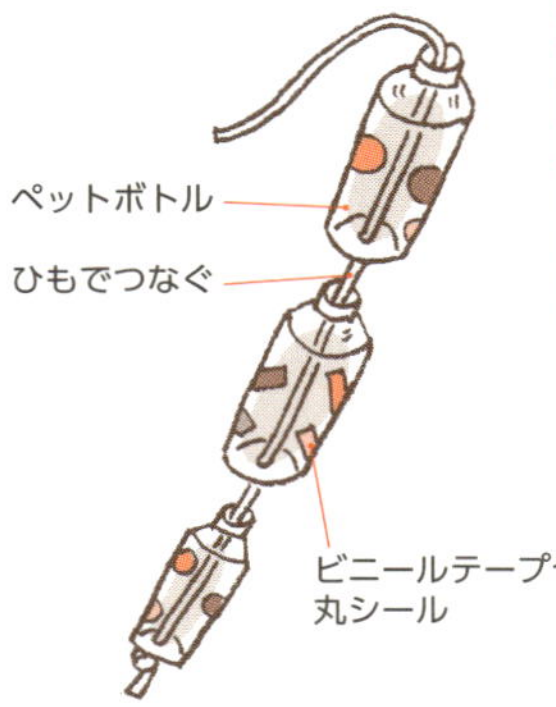

ペットボトルの底に穴を開け、ひもでつなげる。

2

椅子やミニコーンなどを置いて、その周囲を回ったり、ジグザグに歩いたりして楽しみます。踏み切り板を置いて坂道を設定すると、いっそう楽しめます。

まねっこ電車

保育者が先頭になり、輪にした長縄の中に入ります。「まねっこ電車、出発です！」と言い、保育者がすることを子どもたちがまねしながら進みます。

ねらい

保育者の動きをまねしながらいっしょに遊ぶことを楽しむ。

保育者が「各駅停車です。ガタンゴトン」と言ってゆっくり歩いたり、「特急です。ビューン」と言って走ったりします。

「カーブがたくさんある線路です」などと言ってジグザグに歩きます。

「ジャンプ電車です。ピョンピョン！」と言ってジャンプしながら進みます。

まねっこあそび

保育者がさいころを持ち、「いち、にの、さん」で転がします。出た動物のジェスチャーや、鳴き声のまねをして遊びます。

ねらい

保育者や友達といっしょに動物のまねをすることを楽しむ。

さいころの作り方

絵を描いて貼る
段ボール箱

段ボール箱の各面に動物の絵を貼る。

いち、にの、さん！
動物さいころ
いち、にの、さん！

うさぎさんだね！
みんなでうさぎさんに
なりますよ
ピョンピョン
ピョンピョン

ねこ、いぬ、うさぎ、ぞう、さる、ぶた、にわとりなどジェスチャーがしやすい動物や、鳴き声がわかりやすい動物で楽しみましょう。

シーツパタパタあそび

1

シーツの周りに6人くらいの子どもと保育者が座り、シーツを持ちます。シーツをパタパタと揺らしてストップ。これを繰り返します。

2

次は、パタパタさせたら「せーの」でシーツの下に隠れ、中央に集まります。

3

保育者がシーツを上げたり下げたりして、何回か繰り返したらはいはいで外に出てきます。繰り返して遊びましょう。

ねらい

パタパタ揺らしたり、もぐったり出てきたり、シーツを利用した遊びを楽しむ。

ジャンプ&大好きだっこ

ねらい

体を思い切り動かして遊びながら、友達との触れ合いを楽しむ。

1

保育者が「ジャンプ!」と声をかけ、みんなで「ジャンプ!」と言いながらジャンプします。

ジャーンプ!
ジャンプ!

2

何回か繰り返したら、「大好きだっこ!」と言葉かけをして、近くの友達とくっつくように促します。繰り返して楽しみましょう。

大好きだっこ!
お友達とギューってして
ギュー
ギュー
ギュー

先生おなかがすいちゃった

鼻や頬をおだんごに見立てたごっこ遊びです。

ねらい

保育者とのスキンシップを通じて、安心感や親しみを抱く。

1 子どもたちをだっこして「先生おなかがすいちゃった」と言います。

2 「あれ？　こんなところにおだんごが！」と言いながら子どもの鼻をつまみます。

3 鼻をつまんで食べるまねをしながら、「おだんごパクパクまだたりない」と言います。

4 今度は頬をつまんで食べるまねをしながら「もひとつパクパクまだ足りない」と言います。

5 「大きなお餅を見つけたぞー！」と大げさに驚いてみせ、「いっただきまーす」と子どものおなかをコチョコチョとくすぐります。

雨が降ってきた！

ねらい

玉を雨に見立て、季節にちなんだ遊びを楽しむ。

1

玉入れ用の玉を床に置いておきます。保育者が袋を持ち、子どもたちが玉を拾って袋に入れます。

どんどん
入れてー
ポイ
ポイ

2

ある程度玉が入ったら、袋を保育者の顔くらいまで持ち上げて玉を落とします。

段ボールを細長く切り、
大きなポリ袋の口にセロ
ハンテープで留める。
雨が降って
きたよー！
わー
雨だー
玉を全部落としたら、また、
最初から繰り返します。

お散歩かたつむり

板を傾斜させて作った坂に、かたつむりを載せて動かします。坂の角度は緩やかにして、ゆっくり動かしましょう。

ねらい

かたつむりの動く様子を楽しみ、季節を感じながら遊ぶ。

かたつむりの作り方

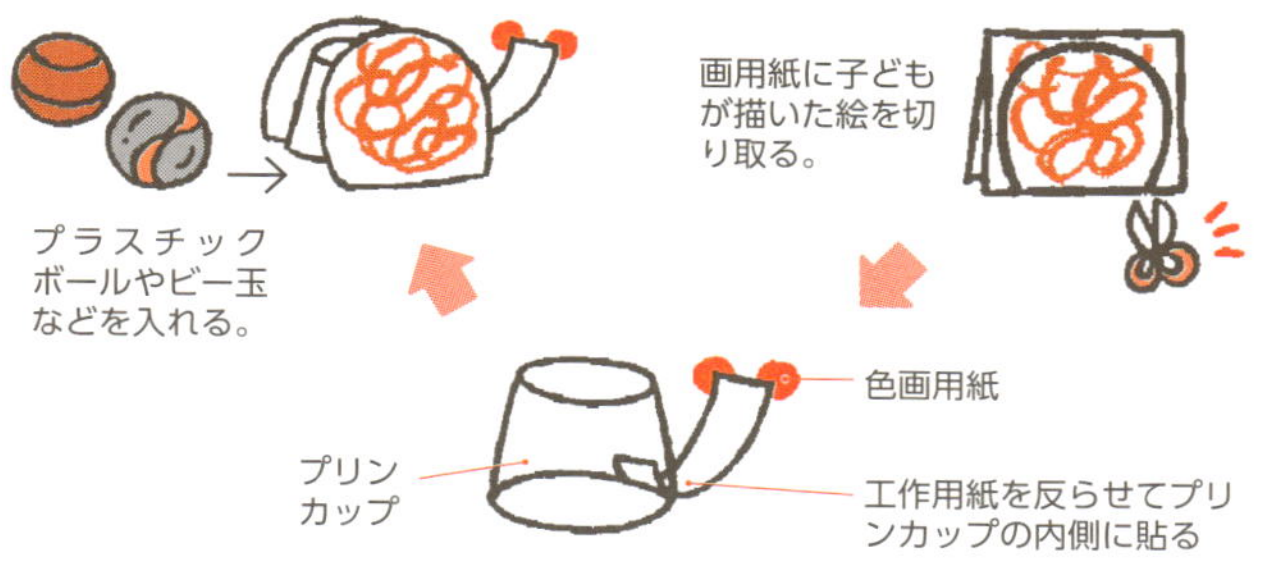
画用紙に子どもが描いた絵を切り取る。
色画用紙
工作用紙を反らせてプリンカップの内側に貼る
プリンカップ
プラスチックボールやビー玉などを入れる。

かたつむりさん
上手にお散歩
できるかな?
わく　わく

わあっ!
動いてる!
こっち
来て来て〜
お散歩
しているね

いっしょにジャンプ

かえるやぞうになって、元気にジャンプして遊びましょう。

ねらい

両足跳びの動きを楽しみながら、全身をリズミカルに動かして遊ぶ。

1番

1 ♪かえるさんといっしょにジャンプで

両手を開いて顔の横で広げ、左右に振ります。

2 ♪ピョン

1回ジャンプします。

3 ♪ピョンピョン…ピョン

自由にジャンプします。

4 ♪おそらに

両手を胸の前でグーにします。

5 ♪とどけ

両手を上に伸ばします。

6 ♪げんきにピョン

「♪げんきに」で両手を胸の前でグーにして、「♪ピョン」で1回ジャンプします。

2番

「♪ぞうさんといっしょに」で両手を腰につけ、膝の曲げ伸ばしをし、「♪ドンドン…ドン」で両手を腰につけたまま、ジャンプします。その他の部分は、1番に準じます。

いっしょにジャンプ

作詞・作曲／浅野ななみ

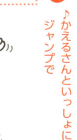

4月
5月
6月
7月
8月
9月
10月
11月
12月
1月
2月
3月

電車になってガッタンゴー

子どもは2人組になります。後ろの子どもは前の子どもの洋服をつかんで電車になります。曲に合わせて自由に進んだり、保育者が作ったトンネルをくぐったりして遊びます。トンネル役の保育者は、両手をおろして子どもたちを捕まえたりしても楽しいですね。

♪つないで つないで
トンネル ですよー
♪ガッタンゴー

つかまえたー
あっ! つかまっちゃった!

ねらい

2人組になり、友達の動きに合わせて進み、トンネルをくぐるなど動きの変化を楽しむ。

一列電車

作詞／浅野ななみ　作曲／おざわたつゆき

つ な い で　つ な い で　な か よ し　で ん しゃ　ガッ タ ガッ タ　ガッ タン ゴー
ガッ タ ガッ タ　ガッ タン ゴー　つ ぎ は　ト ン ネ ル　く ぐ り ま す

かるがも散歩

ねらい

かるがものまねをして、いろいろな動作を楽しみながら散歩する。

1

子どもたちは一列に並び、前の子の肩に手を載せます。少し膝を曲げて歩きましょう。

かるがもさーん
お散歩に行きますよー！

保育者は後ろ向きになり、先頭の子と手をつなぎます。

2

保育者は、いろいろな状況の言葉をかけながら散歩をします。

池で
泳ぎますよー
スーイ
スーイ

腕を後ろに向けて羽のように動かし、水の上を泳ぐまねをします。

飛ぶ練習ね、
ジャーンプ！
ピョン
ピョン

手(腕)をヒラヒラさせながら、ジャンプして進みます。

へびとかけっこ

糸を持って走ると、へびがクルクル回りながら追いかけてきます。

ねらい

へびがクルクル回る動きを楽しみながら、思い切り走る。

へびの作り方

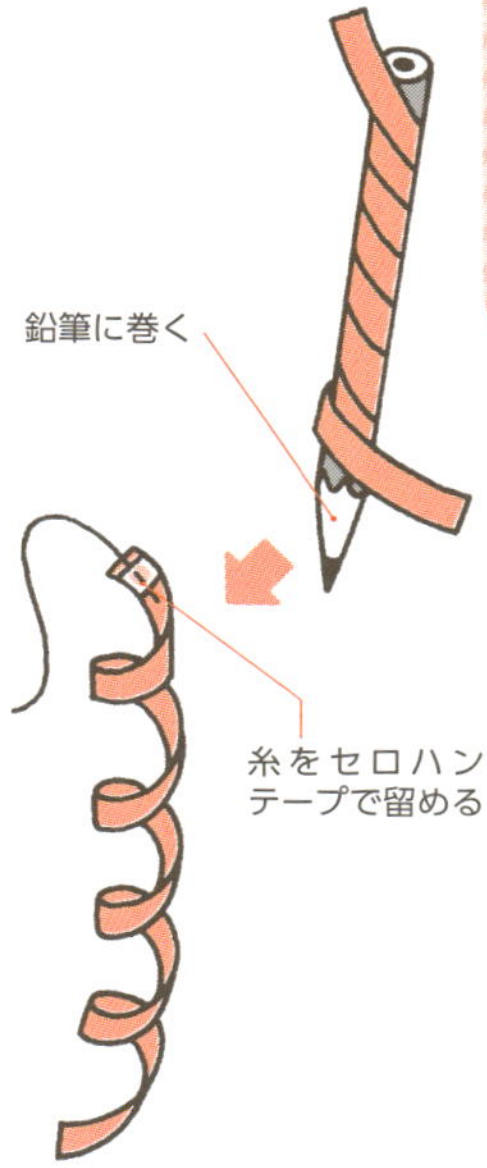
鉛筆に巻く
糸をセロハンテープで留める

紙テープを50cm～1mくらいに切り、鉛筆に巻いて巻きぐせをつける。

糸を持って走りますよ
はーい

クル
クル
わー
クル
クル
クル
クル
クル
クル

長いへび、短いへび、いろいろな長さで作って走ってみましょう。

せみになって遊ぼう

ねらい

うたって踊りながらせみになったつもりで、ごっこ遊びを楽しむ。

1

「せみのうた」に合わせて踊り、うたい終わったらどこか好きな所にとまります。

1 ♪せみせみ

手をせみの羽に見立ててパタパタと振ります。

2 ♪せみせみ せみん みーん

手をパタパタさせながら自由に走り回ります。

3 ♪どこに いるのか

右を２度指さします。

4 ♪せみ
1と同様にします。

5 ♪なかなか いないよ

左を２度指さします。

6 ♪せみ
1と同様にします。

7 ♪なかなか とれない せみ
3 4と同様にします。

8 ♪せみせみせみ せみせみ せみーん みーん
2と同様にし、最後の「みーん」でどこかにくっつきます。

2

子どもたちがせみになり、保育者が捕まえます。捕まったら円の中に入り、全員捕まったら最初から繰り返します。

みーんみーん
せみ、どこかなー
捕まっちゃったね

●歌●
「せみのうた」（作詞／佐藤義美　作曲／中田喜直）

カミナリ ドカーン！

ねらい

保育者の言葉をよく聞いて、みんなで楽しく遊ぶ。

1

保育者はおにになって言葉をかけ、子どもたちは逃げ回ります。

2

保育者は子どもたちの様子を見ながら、「ドカーン！」と言って1人の子どもの頭を押さえます。他の子どもたちはすばやく頭を押さえてしゃがみます。

頭、おへそ、お尻など、隠す所をいろいろ変えて、繰り返し遊びましょう。

ポタポタお絵描き

ねらい

地面に水をたらして自由に絵や模様を描きながら、水と触れ合う。

1

ポリ袋に水を入れ、鉛筆で小さな穴を開けます。

プスッ

2

乾いた地面にポリ袋の水をたらして、好きなように模様や絵を描きます。

どんな模様に
なるかな？
丸だよー
わー
へびみたい

3

園庭に打ち水をする、花に水をやる、水鉄砲ふうに使うなど、いろいろな使い方をしてみましょう。

暑いから水を
まきましょう
お花に水を
あげるの
2つ
出たー
わっ
ピュー
えいっ

穴を２つ開けてもよいでしょう。

くんで運んで

ねらい

水の感触、重さを感じながら遊び、水に親しむ。

1

子どもは水を運ぶための物を選び、1つずつ持ちます。保育者がそこへ水を入れ、子どもはビニールプールまで運んで注ぎ入れます。これを繰り返してプールを水でいっぱいにします。

プールに水を入れてきてね
はーい
よいしょ よいしょ
もう1回！
ジャー

バケツを２人で持って運んでも楽しいですね。

2

プールが水でいっぱいになったら、水に浮かぶおもちゃで遊んだり、足を入れたりして自由に遊びましょう。

キャッ
パシャッ
冷たーい
取ったー

おもしろシャワー

ねらい

シャワーの水が頭や体にかかる楽しさの中で、自然に水に親しむ。

1

牛乳パックで作ったシャワーのひもを棒に通し、子どもの手が届くか届かないかくらいの高さに設置します。保育者はホースで順番に水を入れていきます。

シャワーですよ〜
牛乳パックにきりで穴を開ける。
キャー

水が先になくなってしまう物があるなど、順番に水を入れることで、水の出方に変化があることも楽しめます。

2

棒の両端を保育者が2人で持ち、プールの中に牛乳パックを沈めて水を入れます。持ち上げると水が一気に落ちてきます。

雨ですよ〜
わあ〜！

水が一気に落ちてくるのでダイナミックです。

海だ、さあ泳ごう！

ねらい

ブルーシートで大小の波を表現したり、泳ぐまねをしたりして遊ぶ。

1

ブルーシートを敷いて、保育者が言葉かけをします。

これはみんなだけの海です！
海！?
わーっ
やったー！

2

ブルーシートを持ち、上下に波のように揺らします。立って「大きな波」、座って「小さな波」を表現します。

大きな波が来たよー
ザブーン
ガサガサ

3

ブルーシートを再び敷き、シートの上で泳ぐまねをしたり、下に潜ったりして遊びます。

海で泳ぎましょう！
わたしも泳ぐよ！
バタバタ

いっぱい入ったかな？

ねらい

水をすくって入れる遊びを通して、無理なく水に親しむ。

1

保育者はプールの中で座り、頭の上に洗面器などを置いて両手で支えます。保育者の合図で子どもたちは手やプリンなどの空き容器で水をすくって入れます。

2

終わりの合図で、どのくらい水が入ったかみんなで見てみましょう。

見えないお魚とり

ねらい

見えにくい魚を捕まえる遊びをする中で、自然に水に慣れる。

1

プールに魚を入れます。

お魚を
入れますよ
水の中に
入れるとお魚が
見えなくなるね

魚の作り方

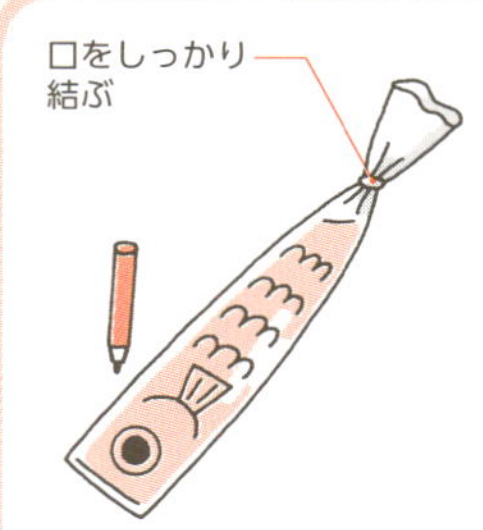
口をしっかり
結ぶ

傘袋に水を入れ、口をしっかり結ぶ。油性ペンで目などを描いたり、袋の中に小さなおもちゃを入れたりしてもよい。

2

みんなで透明になった魚を捕まえます。つかんだときの感触も楽しみましょう。

お魚捕まえ
られるかなー
プニョプニョ
してるよ!
どこにいるのかな?
見てー
とったー
もっと
とるー

大きなたいこ　小さなたいこ

1

子どもたちは保育者を中心にして円になり、内側に向かって立ち「大きなたいこ」の歌をうたいます。

「♪とん　とん　とん」のフレーズでは、小さくチャプチャプと３回水をたたきます。

「♪どーん　どーん」のフレーズでは、手のひらを大きく２回水に打ちつけます。

2

子どもたちは保育者を中心にして手をつなぎ、輪になります。うたいながら時計回りに歩きます。

「♪とん　とん　とん」のフレーズでは、そっと小さく３歩進みます。

「♪どーん　どーん」のフレーズでは、大きく水しぶきを上げながら２歩進みます。

「○○先生に向かってどどーん！」と言って、保育者に向かって、みんなで水かけをしても盛り上がります。

ねらい

歌を取り入れたプール遊びで、水の感触を楽しむ。

●歌●　「大きなたいこ」（作詞／小林純一　作曲／中田喜直）

上手に取ったよ！

ねらい

プールでリングをひっくり返したり集めたりして遊びながら、水に慣れる。

1

プールにリングを浮かべます。保育者の合図で、リングをひっくり返します。

リングをひっくり返してー
45～60cmに切ったホースを輪にしてビニールテープなどで留めます。リングの片面をビニールテープで装飾しましょう。
クルッ
クルッ

2

保育者の合図で、リングをたくさん集めます。

リングを集めてね！よーい、ドン！
とったよー
先生見てー

キラキラ水風船

ねらい

太陽の光を受けて、スズランテープが輝く美しさを味わう。

水風船を光に透かして見ると、スズランテープがキラキラ輝きます。その美しさを楽しみます。

キラキラ水風船の作り方

スズランテープを2.5㎝角に切り、ポリ袋に、８枚くらい入れる。

水を100㏄くらい入れて、輪ゴムでしっかり留める。

水が入っているので、ひんやりとした感触も楽しめます。体のあちこちに当ててみましょう。

お舟はぎっちらこ

ねらい

うたいながら舟をこぐ動作をして、舟に乗っている気分を味わって遊ぶ。

みんなで輪になり、足を伸ばして座ります。「お舟はぎっちらこ」の歌をうたいながら、体を揺らして遊びます。

1

♪おふねは　ぎっちらこ
ぎっちらこ　ぎっちらこ

手を前に出し、体を前後に揺らして舟をこぐような動きをします。

2

♪なみに　ゆられて…
おふねは　ほんとに　おもしろい

体を左右に揺らします。

3

♪ぎっちらこ　ぎっちらこ
ぎっちら　ぎっちら
ぎっちらこ

❶と同様にします。

「大きな舟になろう」と輪になって手をつなぎ、うたいながら前後左右に揺れても楽しいですね。

●歌●　「お舟はぎっちらこ」（作詞／井上 徹　作曲／江沢清太郎）

電車ごっこ

ねらい

つり輪につかまって、電車内の様子を想像しながら歩くことを楽しむ。

1

保育者は電車の話をします。

電車の中ってどうなっているかな？
電車に乗ったことあるかしら
乗ったことあるよ
人がいっぱい乗ってるよ
駅に停まるんだよ
速いよね

子どもたちが電車について知っていることを聞いてみましょう。

2

ロープに輪投げの輪を通し、子どもたちは輪につかまって歩きます。保育者は電車内の様子を伝える言葉かけをしましょう。

しっかりつかまってください
次はホール駅に停まります
ゴトン
ガタン
ゴトン
ガタン
おもしろいね
電車みたい

「揺れますからしっかりつかまってください」「次はお庭駅に止まります」「急ブレーキです。キキキーッ！」などいろいろな言葉をかけましょう。

大型バスに乗ってます！

大型バスを
用意しましたよ！
乗りたい人！
はーい！

1 マットを大型バスに見立てます。子どもたち3～4人をマットに座らせ、保育者は持ち手を持って引っ張ります。

次はわたしも
乗りたーい
しっかり
つかまって
ください
右に曲がります

2 「バスごっこ」などのバスの歌をうたったり、「右に曲がります」など、臨場感のある言葉をかけたりして盛り上げましょう。

●歌● 「バスごっこ」（作詞／香山美子　作曲／湯山 昭）

ねらい

バスに乗るごっこ遊びをしながら、保育者や友達といっしょに遊ぶ楽しさを共有する。

ボールとお散歩

ねらい

ボールを落とさないように力の加減やスピードを考えながら、歩いたり走ったりする。

1

輪の中に新聞紙ボールを入れて、外に出さないように歩きます。

ボールと輪の作り方

新聞紙を丸めてビニールテープで巻く。

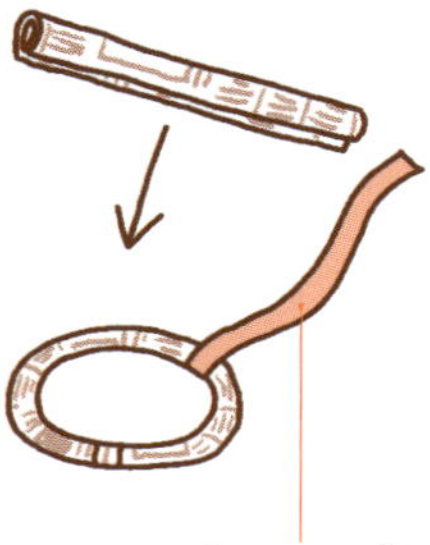

新聞紙を棒状に丸めて輪にし、スズランテープを結ぶ。

2

新聞紙ボールを運んでかごの中に入れます。また、新聞紙ボールをバトン代わりにして、リレーもできます。

交代しながら新聞紙ボールをかごに入れます。

新聞紙ボールをバトンの代わりにして、次の走者へ渡します。

しっぽまてまて

ねらい

しっぽを取られないように逃げる方向を考えながら、保育者との追いかけっこを楽しむ。

1

紙テープを50㎝くらいに切り、子どもたち（ねずみ役）の腰に挟みます。子どもたちは1か所に集まり、保育者（ねこ役）の言葉かけで逃げ出します。

2

保育者は子どもを追いかけながらしっぽを取り、取られた子は座ります。全員取られたら終了です。

グルグル ドッカーン！

ねらい

長縄を使って、保育者や友達と同じ動きをすることを楽しむ。

1

丸く結んだ長縄を両手で持ち、隣の子へグルグル回します。

2

「小さくなあれ、小さくなあれ」と言いながら、お尻で中央にすり寄ります。集まったら「大きくなあれ、大きくなあれ」と言って元の大きさに戻ります。

3

再び長縄をグルグル回し、保育者が頃合いを見計らって「ドッカーン」と言って後ろに倒れ、両足を上げてバタバタさせます。

「ドッカーン」の合図で子どもたちも後ろに倒れ、保育者と同じ動きをして遊びます。

それ行け、バスの運転手

スタート＆ゴール

バスのゼッケンの作り方

バスのゼッケン（表）

不織布にバスの絵を描く。

（裏）

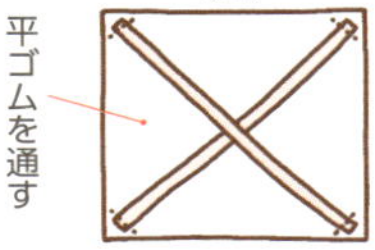
平ゴムを通す

背中側で交差するように、平ゴムを縫い付ける。

お客さんを乗せてね
バスてい
バスてい

背中のゴムに乗客を挟みます。

カラーコーンに厚紙で作ったバス停のマークを貼ります。

1

子どもたちはバスのゼッケンを身につけます。スタートの合図でバス停まで走り、人形などの乗客を背中に挟みます。

巧技台３～４段
はしご
滑り板
バスてい
バスてい

はしごの所にも保育者が立ち、危険がないよう見守りましょう。

2

はしごを登って滑り下り、次のバス停で乗客を降ろします。スタート地点に戻り、ゼッケンを渡してバトンタッチです。

りすさん、あーん

1 2チームに分かれ、お盆を持ってスタートします。テーブルの上の玉を1つ取ってお盆に載せ、りすの所まで走ります。

2 りすの口に玉を入れて、スタート地点に戻り、次の人にお盆を渡します。玉を早く全部食べさせたチームの勝ちです。

りすさんボックスの作り方

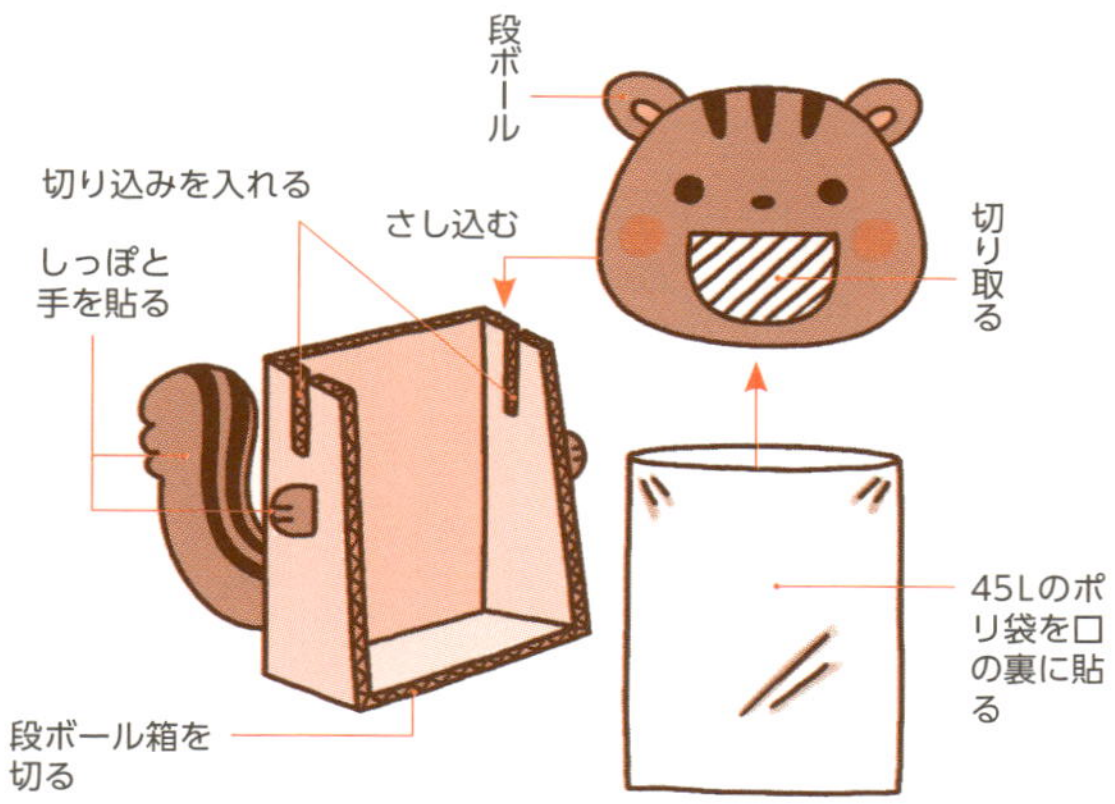
段ボール
切り込みを入れる
さし込む
しっぽと
手を貼る
切り取る
45Lのポリ袋を口の裏に貼る
段ボール箱を
切る

段ボール箱を斜めに切り取り、切り込みを入れて顔をさし込む。

りすの顔を作り、口を切り取って、裏にポリ袋を貼る。

りすさん、
あーん
はい、どうぞ
人数分の玉
お盆に載せた玉をりすの口へ入れます。
スタート＆ゴール
はい、タッチ

お盆をバトン代わりにして渡します。

2人は仲よし

1

2チームに分かれ、2人1組になります。風呂敷を1枚持ってスタートし、テーブルの所まで走ります。

2

テーブルの上のおもちゃの中から、なにを選ぶか2人で相談します。1つ決まったら風呂敷に載せ、2人で両端を持ってスタート位置に戻り、風呂敷を渡してバトンタッチします。

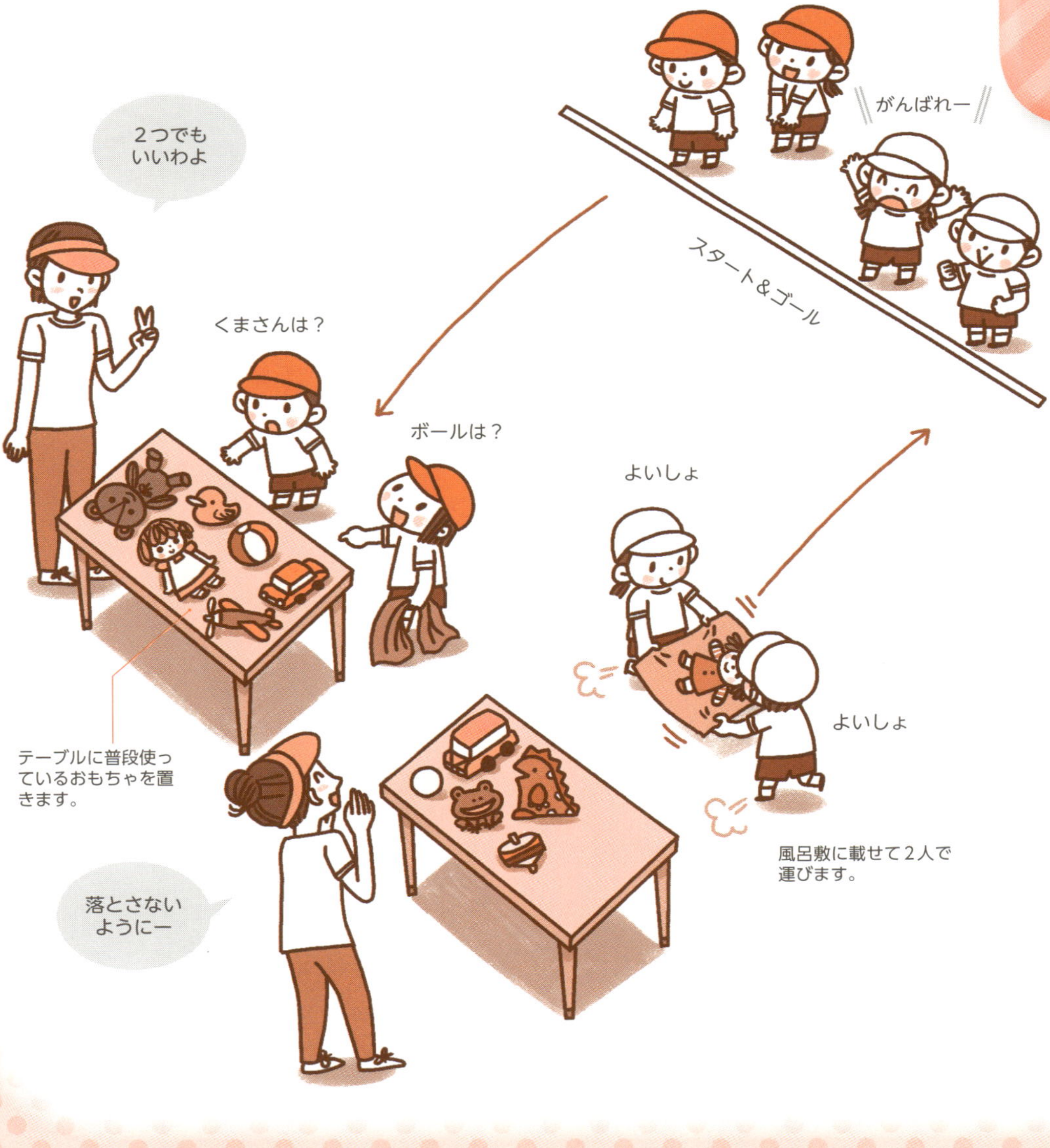
がんばれー
スタート&ゴール
2つでも
いいわよ
くまさんは？
ボールは？
よいしょ
よいしょ
テーブルに普段使っているおもちゃを置きます。
風呂敷に載せて2人で運びます。
落とさない
ように一

どんぐりコロコロ

机、大型ブロック、箱などを利用して傾斜をつけたコースを作り、どんぐりを転がして遊びます。

コースの作り方

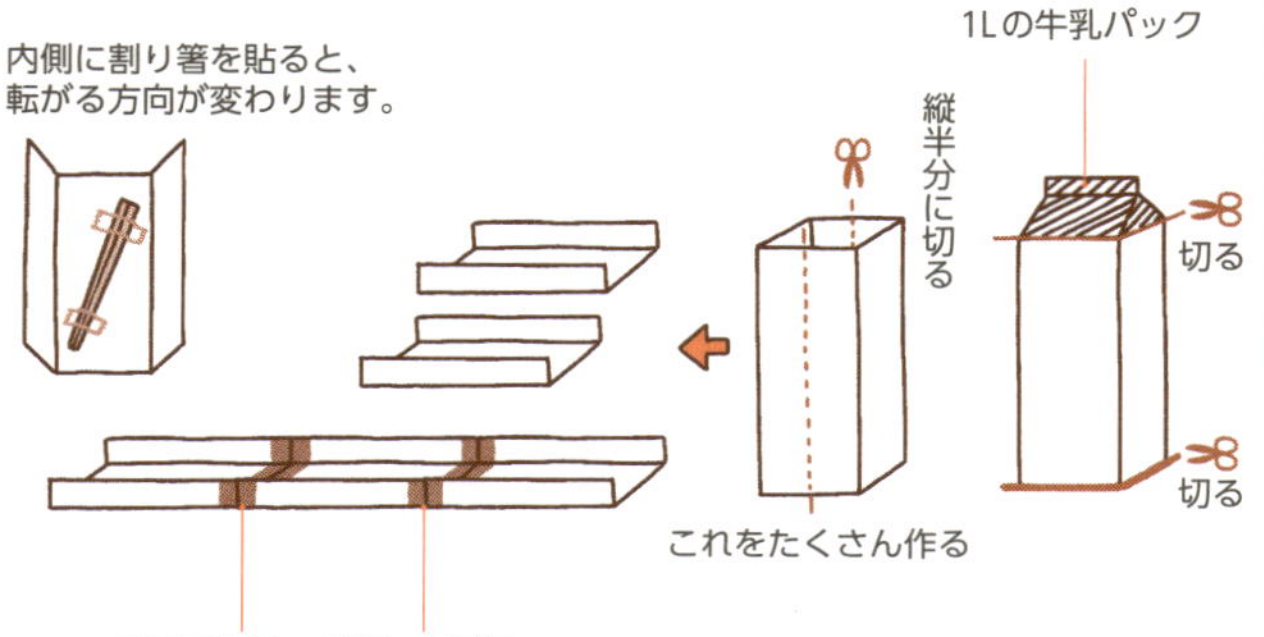

ゴールにプリンカップなどの空き容器を置いて、どんぐりが入るかどうか楽しみます。

コースを二股に分けたり、割り箸で方向を変えたりしてみましょう。

ねらい

自分でやってみたり友達がやるのを見たりして、自然物を使った遊びを楽しむ。

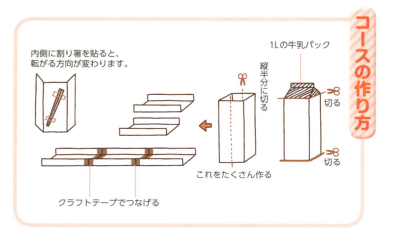

焼きいもどーこだ?

子どもたちを2組に分けます。新聞紙の山の中から、焼きいもを探して遊びます。

ねらい

大きな山の中から、焼きいもを探す楽しさと見つけた喜びを味わう。

新聞紙の山の中から
焼きいもを探してね！
丸めた新聞紙を紫色のクレープ紙で包み、両端をねじって焼きいもの形にする。
ないな…

やった！
見つけた！
すごいね！

きのこ探し

ねらい

きのこを探すという季節感のある遊びを楽しみ、発見した喜びを保育者と分かち合う。

1

保育者が、あらかじめ園庭のあちこちにきのこを置いておきます。

どこに
置こうかな

きのこの作り方

はがき大

厚紙にきのこを描き、目立つようにカラフルに彩色して、切り取る。

2

保育者の合図で、子どもたちがきのこを探します。

きのこを
探してね！
あった！

なかなか見つけられない子は、保育者がいっしょに探してあげましょう。

バトン渡しかけっこ

ねらい

バトンを持って走り、友達に渡すというリレーごっこを楽しむ。

1

子どもの半数がバトンを持ち、バトンを持った子は自由に走り回ります。

バトンの作り方

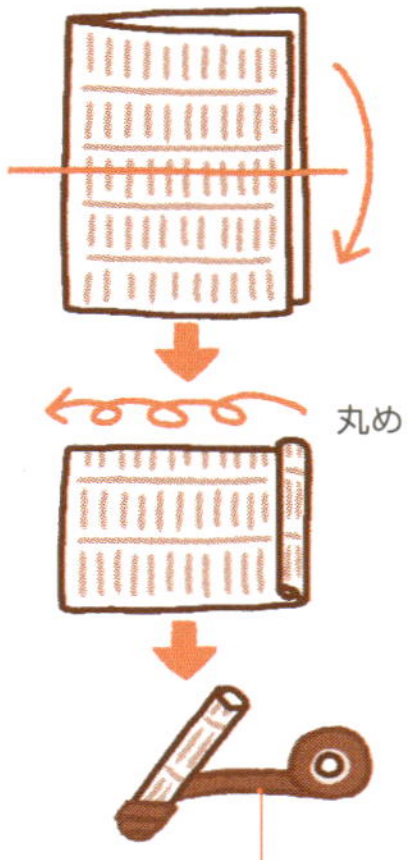

新聞紙を図のように折って筒状に丸める。ビニールテープを巻くと丈夫になる。

2

走っている途中で保育者が合図をしたら、バトンを持っていない子に渡します。

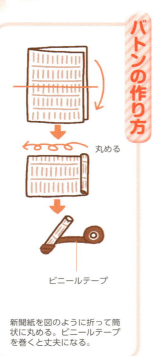

うまく歩けるかな？

ねらい

細い道からはみ出したり落ちたりしないように、体のバランスをとりながら歩く。

1

地面に、やっと歩けるくらいの幅の線を引きます。保育者が先頭になり、その中を歩きます。

はみ出さないように
歩きますよ
あっ

2

室内の場合は、大型のブロックなどを道のように並べ、その上をバランスよく歩きます。

手を広げて
落ちないようにね
よいしょ

両手を広げて歩いたり、横歩きをしたりして、変化をつけましょう。

椅子に座れゲーム

ねらい

うまく椅子に座れるかドキドキしながらゲームに参加する。

1

子どもたちの人数より1つ少なく、椅子を円形に並べます。子どもたちは音楽に合わせて椅子の周りを回ります。

「ストップ」と言ったら
椅子に座ってね

2

「ストップ」で椅子に座ります。全員が座ったらまた繰り返します。

ストップ！
1つの椅子に2人で
座ってもいいですよ
サッ
サッ
サッ

お助けマン登場！

ねらい

力を合わせることで保育者や友達との触れ合いを体で感じる。

1

保育者は横になり、手足をバタバタさせます。

2

子どもたちは保育者の体を引っ張って移動します。保育者は適当な所で起き、「ありがとう」と言って握手したり、抱き締めたりします。

お野菜スッポン！

ねらい

抜かれる喜びと抜かれないようにがんばる楽しさを味わう。

1

子どもたちはだいこん・かぶ・にんじんなど好きな野菜になり、横に並んで座ります。保育者は言葉をかけながら、子どもたちを抱き上げます。

畑に野菜を
とりに来ましたよ
よいしょ！
○○ちゃんの
かぶが抜けた～
ぼくかぶー！
わたしは
にんじん

2

子どもたちはマットの上に腹ばいになり、ふちにつかまります。保育者は子どもの足を引っ張ります。子どもたちは抜かれないようにがんばります。

よーし
今度はだいこん畑ね
スッポーン！
わ～
わ～
がんばれー

引っ張れ、引っ張れ

ねらい

ロープを引っ張り合う遊びで、全力を出し切る気持ちよさを味わう。

1

ロープの両端を保育者と子どもが持って、引っ張り合います。

よーい、ドン！
がんばれー
よいしょ

2

保育者1人対子ども2～3人などで、思い切り引っ張り合って遊びます。

よいしょ！
うんとこしょ！

宅配ピザレース

ねらい

ピザケースを落とさないように、バランスをとりながら走ることを楽しむ。

1

子どもたちはピザケースを片手に載せ、保育者の合図で走ります。

ピザやさんだよー
がんばれー
おっとっと

ピザケースの作り方

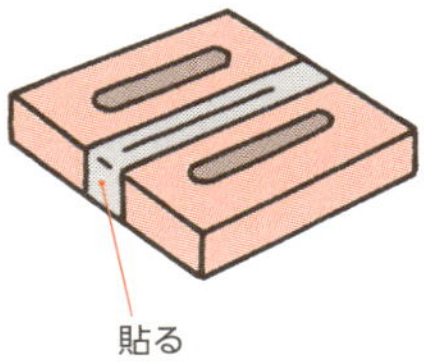
貼る

ティッシュペーパーの箱を２つ並べて貼る。ピザの絵を描いて箱の上面に貼ってもよい。

2

ピザケースをバトン代わりにして、リレーをして遊びます。

ピザを友達に渡してね
ピザ持って来たよー
はい、お待たせしました
早く～
はい

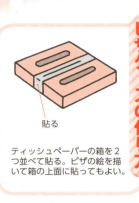

落ち葉で遊ぼう

子どもたちが拾った落ち葉を1枚ずつ地面に並べます。「ジャングルジムまで届くかな?」などと、目標を決めてもよいでしょう。

たくさん拾ってね
こんなに拾ったよ
見て!
ジャングルジムまで届くかな?
みんなの葉っぱをつなげてみましょう
ぼくのも!
よーし

ねらい

みんなで拾った落ち葉をつなぎ、協力して遊ぶ楽しさを知る。

ゴリラのおんがくかい

ゴリラの家族が順番に登場する楽しい歌遊びです。

ねらい

歌を楽しみながら、たいこ・ラッパ・カスタネットを鳴らすしぐさを表現して遊ぶ。

❶ ♪とうさんゴリラ

4回拍手します。

❷ ♪エッホエッホ　エッホッホッ

両手をグーにして胸を4回たたきます。

❸ ♪もりのひろばで　エッホエッホ　エッホッホッ

❶❷と同様にします。

❹ ♪たいこをみつけたよ

パーにした片手を回して肩の辺りで止め、次にもう一方の手を回して止めます。

❺ ♪ドンドコドン　ドンドコドン

たいこをたたくしぐさをします。

※2～4番の❶～❹は1番と同じ振りをします。

(2番) ♪プップカプゥ　プゥプカプゥ

ラッパを吹くしぐさをします。

(3番) ♪タンタカタン　タンタカタン

カスタネットをたたくしぐさをします。

(4番) ♪ドンドコ　プゥプカ　タンタカタン

たいこ・ラッパ・カスタネットの順に演奏するしぐさをします。

ゴリラのおんがくかい

作詞／阿部直美　作曲／淡海悟郎

1. とうさんゴリララ
2. かあさんゴリララ
3. こどものゴリララ
4. あつまれゴリララ
エッホエッホエッホッホッ　もりのひろばで　エッホエッホエッホッホッ
たいこをみつけたよ　ドンドコドン　ドンドコドン
ラッパをみつけたよ　プップカプゥ　プゥプカプゥ
カスタネットをみつけたよ　タンタカタン　タンタカタン
たのしいね　おんがくかい　ドンドコプゥ　プカタン　タカタン

積もう！ 倒そう！

ねらい

慎重に物を積み上げていく楽しさや、倒れたときの爽快感を味わう。

積み木の作り方

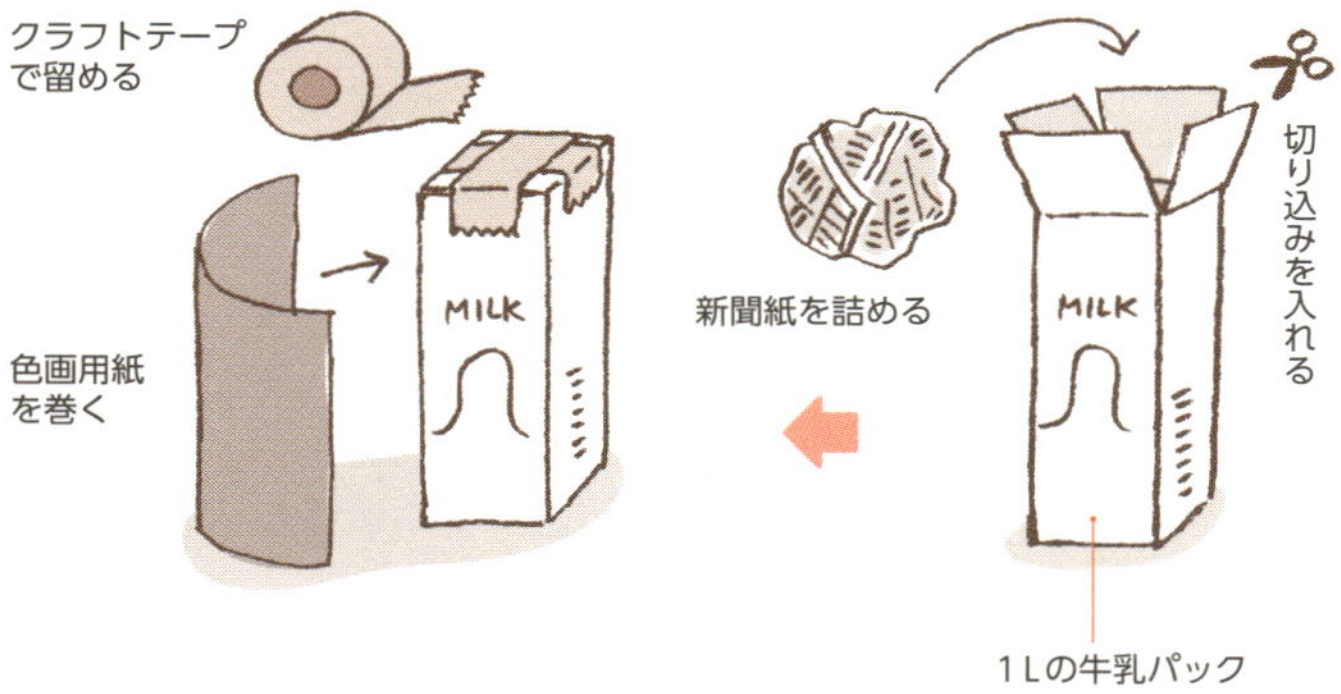

1

積み木を3個、2個、1個の順に積み上げます。

次に立たせた状態でチャレンジ！

最初は横に寝かせて積んでみましょう。

2

積み木を並べて、ボウリングをして遊びます。

モノレールあそび

ねらい

モノレールをイメージしながら、運転士になった気分でごっこ遊びを楽しむ。

1

子どもたちはモノレールを持って動かします。保育者が言葉かけをして盛り上げましょう。

2

モノレールの下に鉛筆などを貼って少し重くします。モノレールをたこ糸に沿って投げて遊びます。

たこ糸の張り方に高低差をつけたり、長くしたりして遊びましょう。

モノレールの作り方

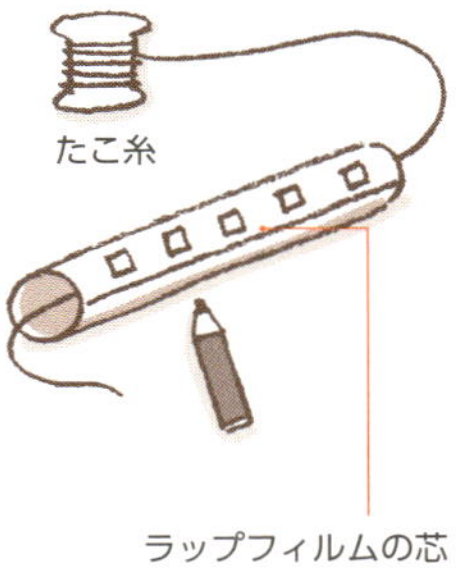

ラップフィルムの芯をモノレールのように装飾する。芯の中にたこ糸を通す。

プレゼント袋リレー

ねらい

サンタクロースになってプレゼントを運ぶ遊びを楽しむ。

1

サンタクロース役の子はプレゼント袋を持ち、室内などを1周して次の子に渡します。

よいしょ
サンタさん、プレゼントの袋を運んでね
サンタさーん
こっちこっち

サンタクロース役の子にサンタクロースのような赤い帽子を被せてあげると雰囲気が出て盛り上がるでしょう。

プレゼント袋の作り方

膨らませて口を結んだポリ袋をたくさん用意し、大きなポリ袋の中に入れて口を結ぶ。

2

次に1列に並び、プレゼント袋を隣の子に渡します。最後までいったら、今度は反対方向から行いましょう。

袋のリレーですよ！隣の子に渡してね
ワクワク
はい
はいっ

帽子を被る場合は、帽子、プレゼント袋の順に渡しましょう。

トナカイのそりあそび

新聞紙を広げ、その上にプレゼントの箱をいくつか載せてトナカイ役の子が引っ張ります。下のように、プレゼントを持ち帰る遊びにしても楽しいでしょう。

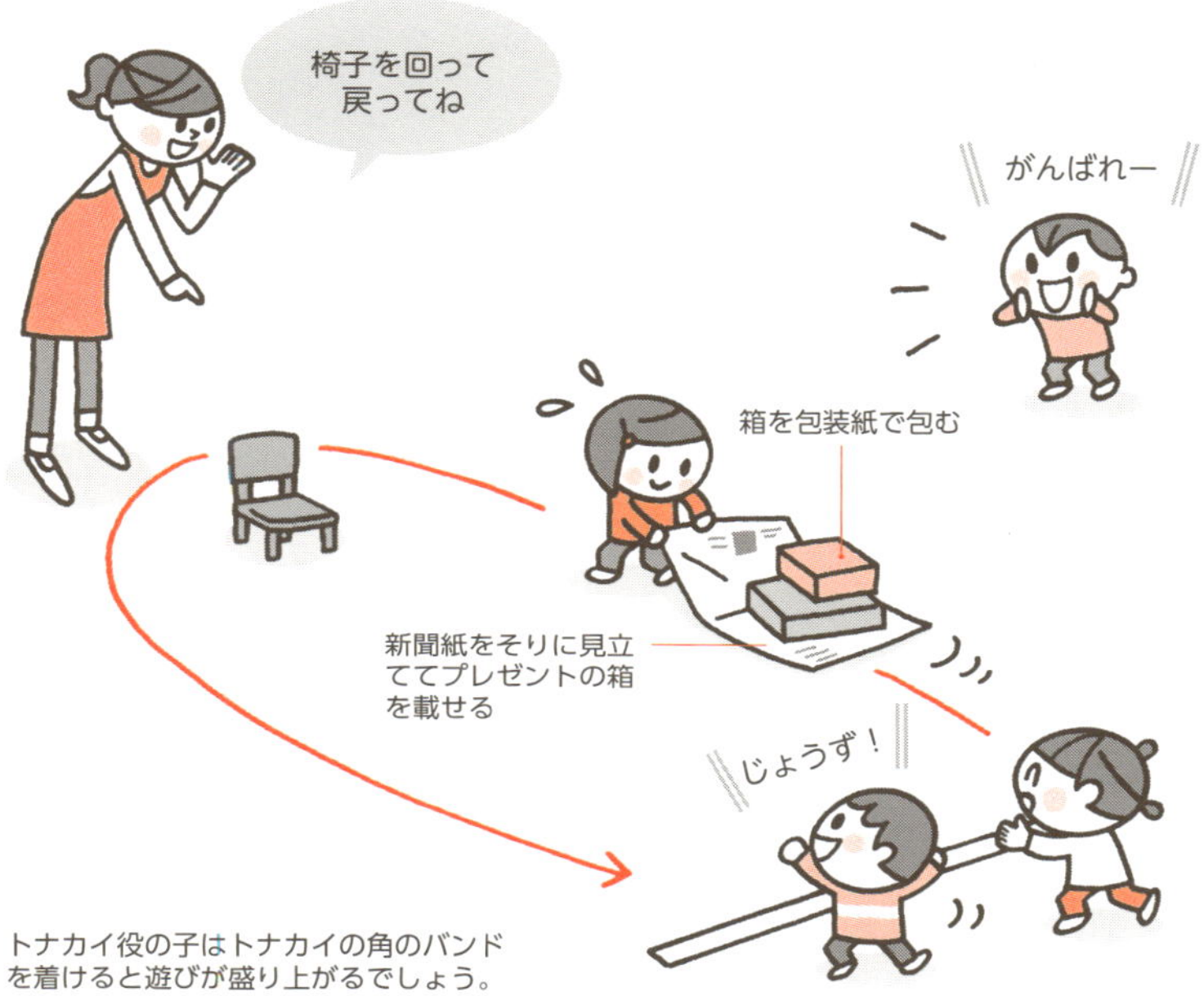

トナカイ役の子はトナカイの角のバンドを着けると遊びが盛り上がるでしょう。

ねらい

プレゼントを運ぶ遊びを通して、クリスマスへの期待を高める。

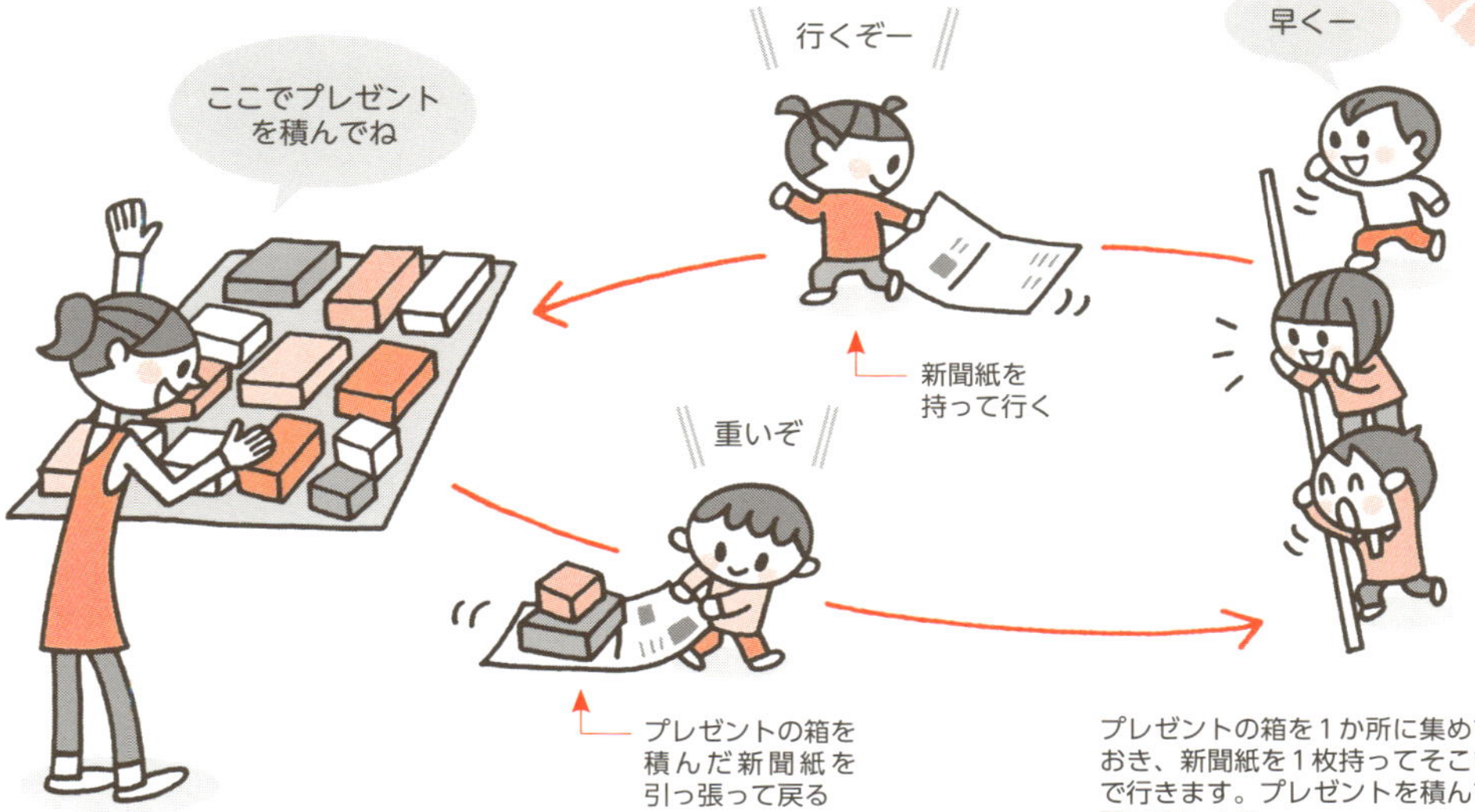

プレゼントの箱を1か所に集めておき、新聞紙を1枚持ってそこまで行きます。プレゼントを積んで戻りましょう。

サンサンサンタ

歌に合わせてそりになったつもりで走る動きをしたり、だっこをしたりと、いろいろな動きで遊びます。

ねらい

歌に合わせた動きを楽しみながら、クリスマスの喜びを表現する。

1 ♪サンサンサンサン サンタさん

両手を上げてパーにし、キラキラさせます。

2 ♪さむい くにから やってくる

保育者が子どもの背中をさすってあげます。

3 ♪シャンシャン シャンシャン そりのすず

子どもは両腕を前に出し、鈴を鳴らすように上下に振ります。保育者は子どもの背中につかまり、2人で前進します。

4 ♪こなゆき けって ビューンビュン

ビューン

子どもをだっこして1回転します。

(2番) ♪やさしい えがおで やってくる

両手をお互いの肩に載せ、2人でニッコリ見つめ合います。

(3番) ♪ぼくらのえんに やってくる

お互いに向き合い、人さし指で自分の顔をさします。

※2番「♪おみやげいっぱい ワーイワイ」
3番「♪しあわせいっぱい イェーイェ」のとき
の動きは4と同じです。

サンサンサンタ

作詞・作曲／犬飼聖二

C
G7
C
1.～3.サン サン サン サン サ ン タ さん
さ む い く に か ら
や さ し い え が お で
ぼ く ら の え ー ん に
やっ て く る
C
F
G7
C
シャン シャン シャン シャン そ りの すず
こ な ゆ き けっ て ビューン ビュン
お み や げ いっ ぱい ワーイ ワイ
し あ わ せ いっ ぱい イェー イェ

ペッタンお餅つき

お餅になりたい子は横になり、他の子はお餅をつくまねをして遊びます。

ねらい

餅つき遊びを通してお正月への期待感を高める。

「のりを巻くよ」と言ってもう１人がお餅役に抱き付いたり、「きなこをかけるよ」と言って、粉をまぶすまねをしたりしても楽しいですね。

お餅がつきあがったら、お餅を丸めるまねをして食べます。

走ってフワフワ

ねらい

たこがよく揚がるように元気いっぱい走る。

1

子どもの腰に洗濯ばさみを挟み、保育者は子どもの頭より高い位置でたこを持ちます。

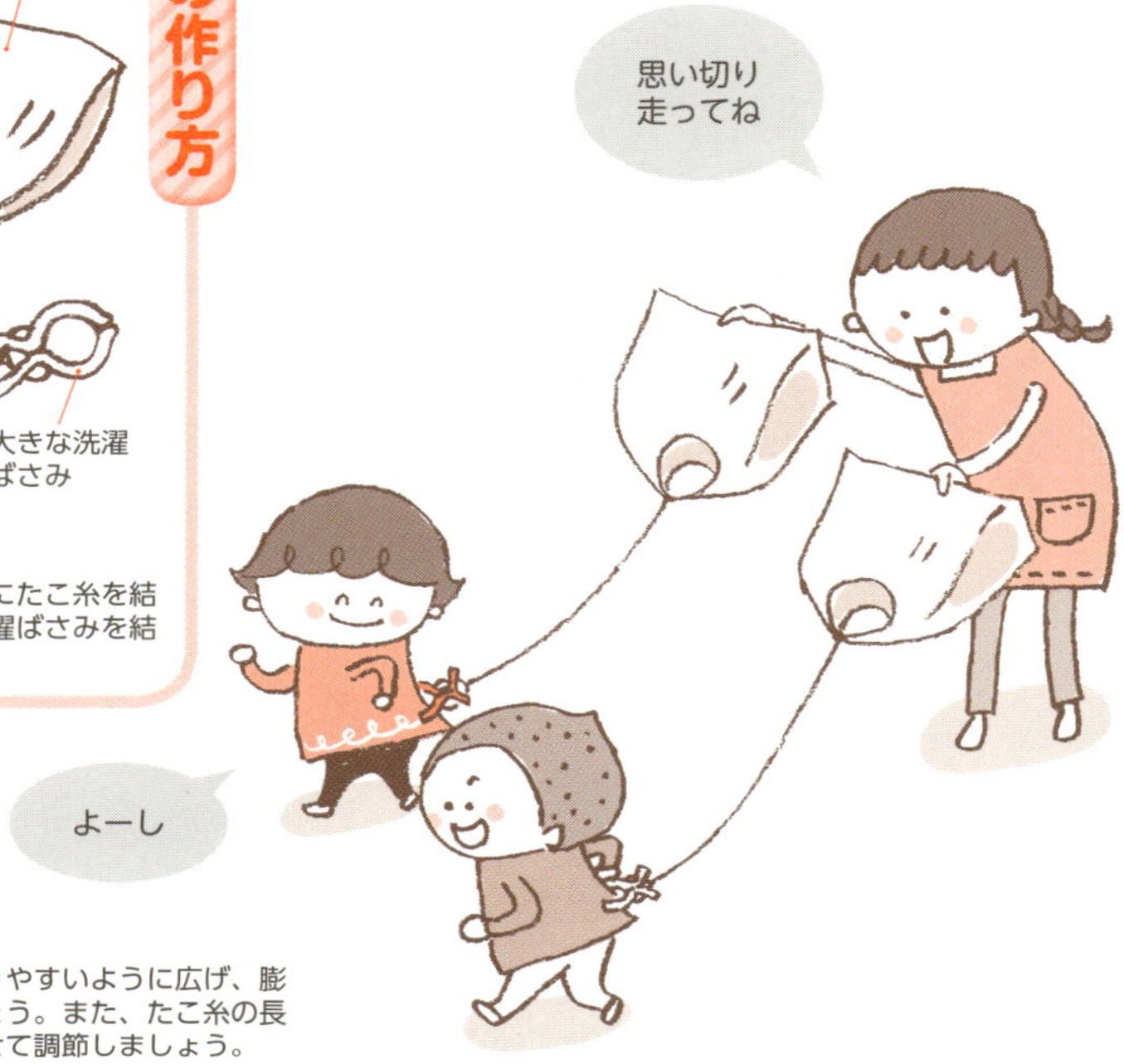
思い切り
走ってね
よーし

たこの作り方

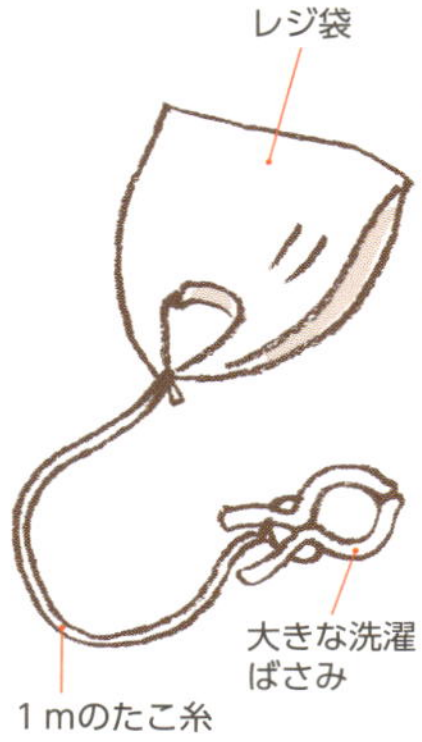
レジ袋
大きな洗濯
ばさみ
1ｍのたこ糸

レジ袋の持ち手にたこ糸を結び、その先に洗濯ばさみを結び付ける。

レジ袋に空気が入りやすいように広げ、膨らませておきましょう。また、たこ糸の長さは子どもに合わせて調節しましょう。

2

保育者の合図で思い切り走ります。慣れてきたら、たこ糸をもっと長くして挑戦してみましょう。

よーい、ドン！

かんたん羽根つき

段ボールで作った羽子板とポリ袋の羽根で羽根つきをします。最初は保育者が相手になりましょう。

ねらい

打ちやすいポリ袋の羽根を使って、昔ながらのお正月の遊びを楽しむ。

羽子板と羽根の作り方

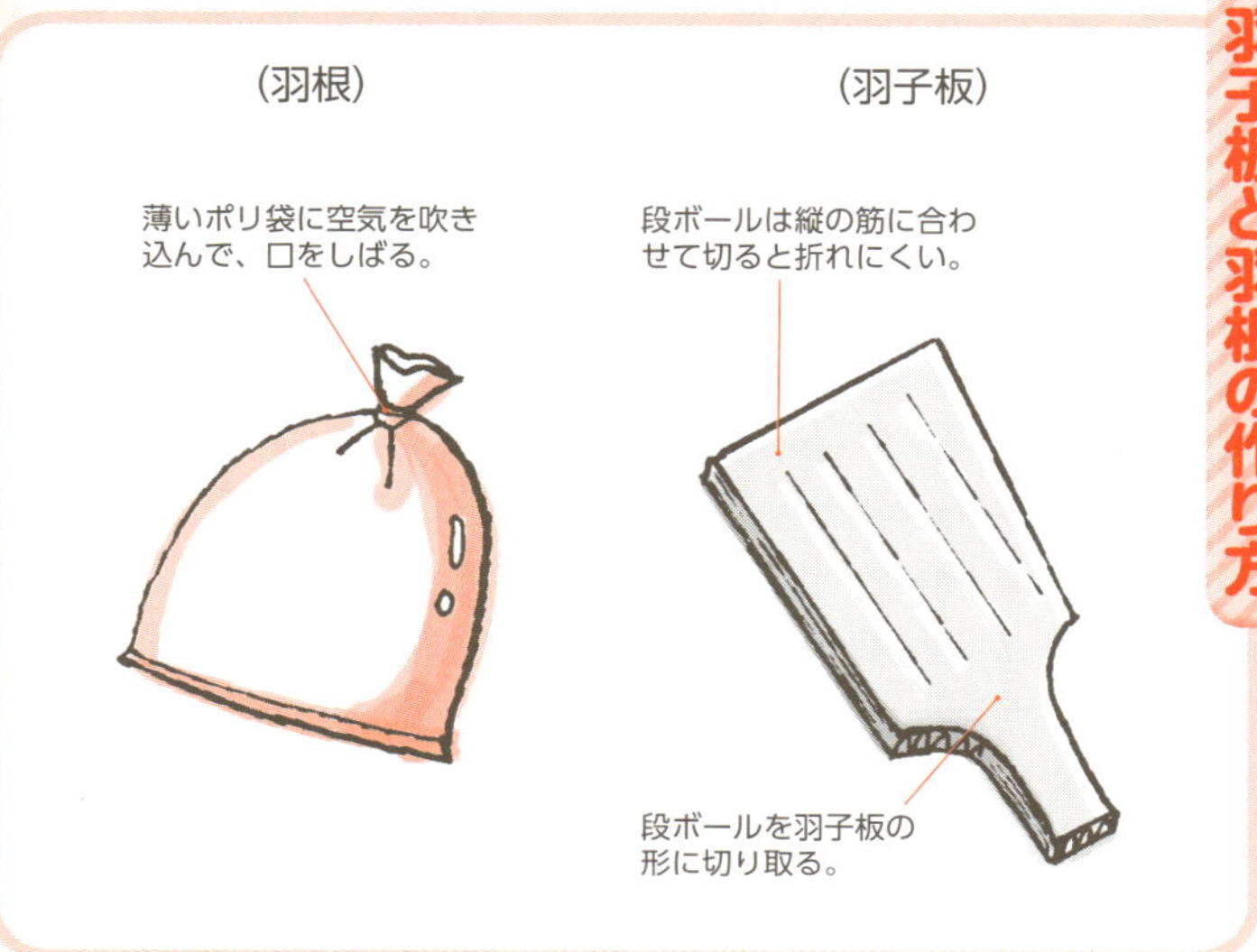

（羽根）
薄いポリ袋に空気を吹き込んで、口をしばる。
（羽子板）
段ボールは縦の筋に合わせて切ると折れにくい。
段ボールを羽子板の形に切り取る。

それ〜〜

羽子板には子どもが描いた模様や絵を貼ってあげましょう。

あっちこっちカルタ

部屋のあちこちに絵札を置きます。保育者は絵を見せながら読み札を読み、子どもたちが探して取ります。

カルタの文例

- のりまき　あんこ　おいしいおもち
- たこあげ　たかく　あがるかな
- こまを　まわして　クルクルクル
- こたつで　みかんを　パクパクたべる
- ゆきだ　こんこん　ゆきだるま

この札を
探してね
こまを回して
クルクルクル
読み札に絵札と
同じ絵を描いて
おきます。
その絵だね
キョロ
キョロ
あったー
どこだ？

ねらい

絵札が保育室のあちこちに隠されているというカルタ遊びを楽しむ。

回って くるくるりん

体をリズミカルに動かして遊びます。「♪くるくるまわって」の部分を「ピョンピョンはねて」や「トントンあしぶみ」など、他の動きに替えても楽しいでしょう。

ねらい

自分の周りを回るなど、体のバランスをとりながら、リズミカルな動きを楽しむ。

1 ♪ちいさな のはらの まんなかに

足踏みをしながら7回拍手をします。

2 ♪おおきな おおきな ゆきだるま

両手で頭上に大きな輪を作り、左右に揺らします。

3 ♪あそぼう いっしょに

両手で膝を6回たたきます。

4 ♪くるくる まわって くるくる

自分の周りを自由に回ります。

5 ♪りん

両手を上げます。

まわって くるくるりん

作詞・作曲／浅野ななみ

ちいさなのはらの まんなかに おおきなおおきな ゆきだるま
あそぼう いっしょに くるくるまわって くるくるりん

次はなにまんじゅう?

ねらい

いろいろなまんじゅうの表現遊びで、寒さを忘れて遊ぶ。

1

みんなで輪になって座ります。手拍子をしながらうたいます。

おしくらまんじゅう　おされてなくな……

2

次は近くの人と2人組になり、「♪こちょこちょまんじゅう…」とうたいながら、くすぐり合います。

こちょこちょまんじゅう　おされてなくな……
こちょ
こちょ

3

次は「♪ごろごろまんじゅう…」とうたいながら、床をゴロゴロ転がります。

ごろごろまんじゅう　おされてなくな……

その他にも「にょろにょろまんじゅう」「ねばねばまんじゅう」などに変えて、動きを表現して遊びましょう。

太陽ビームおにごっこ

ねらい

小道具を使ったおにごっこで、戸外で元気に走って遊ぶ。

1

保育者がおにになり、おにごっこをします。おににタッチされたら固まって動けなくなります。全員が動けなくなったらおにを交代します。

ピタ

タッチされたら、その場で固まります。

2

もう1人の保育者が「太陽ビーム」と言いながら「太陽スティック」で固まっている子をなでます。なでられたら再び逃げられるというルールで続けましょう。

赤やオレンジのスズランテープ（30㎝くらい）を切って、ラップフィルムの芯にたくさん貼ります。
太陽スティックで助けるわよ！
先生助けてー
太陽ビーム！
また捕まえるわよ待てー
キャー
キャー

豆まき玉入れ

鬼のお面を後ろ向きにかぶった保育者は的を背負って走り回ります。子どもたちは「おにはそと――！」と言いながら、的の穴に玉を入れて遊びます。

的の作り方

段ボール箱の側面を丸く切り抜き、反対の面にひもを通して肩ひもを付け、色画用紙の腕と足を貼る。

ねらい

走って体を動かしながら、豆まきに見立てた遊びを楽しむ。

綿雪降れ触れ！

1

保育者は、綿で作った雪が入った箱を持って、台や椅子など、高い場所に上がります。子どもたちは各自空き箱を持って待機します。

ねらい

雪に見立てた遊びで、この時季ならではの自然に対する興味や関心を引き出す。

2

保育者は綿の雪を投げて、子どもたちは自分たちの箱の中に綿雪を集めていきます。

冬や雪の音楽をかけながら遊ぶと、さらに盛り上がります。

雪がいっぱーい！

ねらい

新聞紙をちぎって、雪に見立てていろいろな遊びを楽しむ。

1 新聞紙をみんなでビリビリと破いて、細かくします。

2 破いた新聞紙を、上に向かって投げます。

3 新聞紙を1か所に集めて、その中に隠れます。

4 最後はポリ袋に新聞紙を入れて口を結び、大玉を作って遊びましょう。

メリーゴーラウンド

ねらい

ひもを持って回ることで、保育者や友達と一体感を感じながら遊ぶ。

1

保育者はひもを束ねて頭の上で持ち、子どもたちはひもの端を持って、同じ方向に回ります。

保育者は腕を上下させて、子どもたちは保育者に近づいたり離れたりして、輪の大きさを変えてみましょう。

2

歩いたり、走ったり、ジャンプしたりしながら回ります。

回り方に変化を加える場合は、子どもの人数に配慮しましょう。

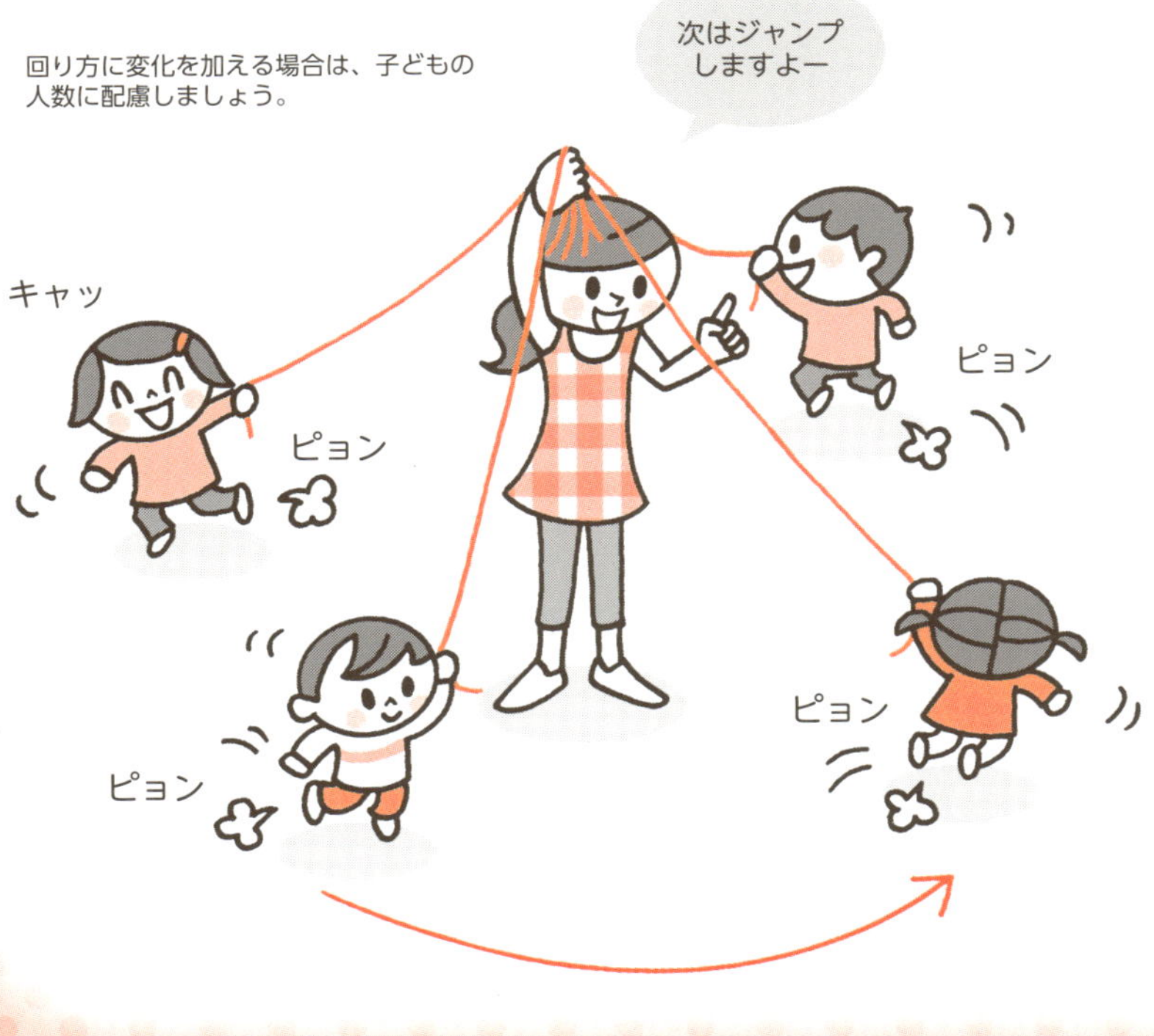

どっちで逃げる？

ねらい

保育者の指示にすばやく反応し、指示に合わせた動きを楽しむ。

1

みんなではいはいの姿勢をします。「おうまさんで追いかけっこよ」と言って保育者は両手で顔を隠し、5つ数えてから子どもたちを追いかけます。

わー
パタパタ
おうまさんで追いかけっこするよ、1、2、3…
パタパタ

2

「今度はお尻スリスリで逃げてね」と言って、また5つ数えてから追いかけます。

お尻スリスリで逃げてね
スリスリ
よいしょ

3

「次は、おうまさんかな？　お尻かな？　どっちかな？……、お・お・お・お尻！」などと、どちらかを言って、追いかけっこをします。

お・お・お・お尻！
お尻だ！
えーと
お尻！

フープでなべなべ

ねらい

友達とフープを動かす楽しさや、リズムに合わせて体を動かす楽しさを味わう。

1

フープを2～3人で持ち、保育者がうたう「♪なべなべ　そこぬけ」に合わせてその場で回ります。

♪なべなべ
そこぬけ……
回ってー
グルグル

2

「♪そこが　ぬけたら　はいりましょ」とうたって、フープの中に入り、外側を向きます。そのまま「♪なべなべ　そこぬけ」で再び回ります。

♪そこが　ぬけたら
はいりましょ
入ったー！
フープの
中に入るよ

3

「♪そこが　ぬけたら　でましょ」とうたい、フープの外に出て内側を向きます。

♪そこが　ぬけたら
でましょ
外に出るよー
出たー！

おだいり様とおひな様

1

保育者はピアノで「うれしいひなまつり」の前奏を2回繰り返して弾き、子どもたちは「しゃく」と「扇」を持って音楽に合わせて歩き回ります。

2

続けて保育者は「♪おだいりさまとおひなさま」とうたいます。子どもたちはそれに合わせて、「おだいり様」と「おひな様」のペアになります。続いて保育者が「♪ふたりならんで、ハイ、ポーズ!」とうたったら、子どもたちは自由にポーズを作って遊びます。

しゃくと扇の作り方

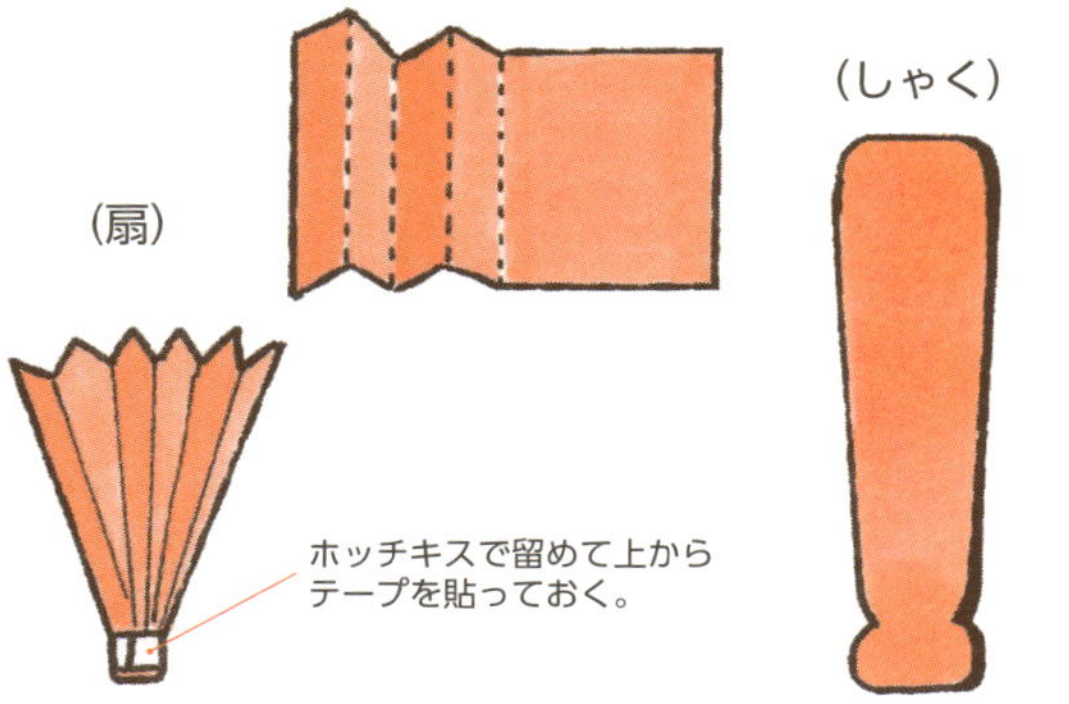
(扇)
(しゃく)
ホッチキスで留めて上からテープを貼っておく。

色画用紙をじゃばらに折って、ホッチキスで留める。

厚紙を切って、色画用紙を貼る。

ねらい

季節感のある音楽に合わせて、伝統行事にちなんだ遊びを楽しむ。

♪ふたりならんで
ハイ、ポーズ♫

人数の関係でペアになれない子がいる場合は、保育者がペアになってあげましょう。

•歌•「うれしいひなまつり」
(作詞/サトウハチロー　作曲/河村光陽)

つんつんつくしの子

ねらい

つくしになったつもりで、季節感のある遊びを楽しむ。

1

みんなで輪になって座ります。保育者の言葉かけで、子どもたちはつくしの子になります。

2

保育者は「♪つんつんつくしの子」をうたい、子どもの頭や体にポンポンと触れながら歩きます。最後の「♪だ」に当たった子は「ポッ」と言って立ち、保育者といっしょに繰り返します。

保育者は立った子の頭をなでます。

「♪だ」に当たった子は、立ち上がります。

保育者といっしょに回ります。
最後の１人になるまで繰り返します。

つんつんつくしの子

作詞・作曲／須貝京子

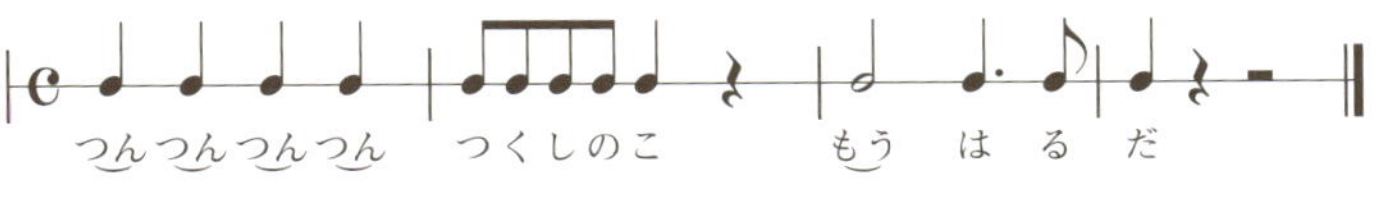

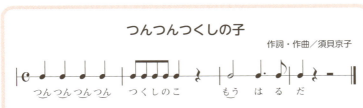

子やぎの冒険

ねらい

目的をもって障害物を乗りこえる遊びに挑戦する。

1

サーキットコースを作ります。子どもたちに、やぎが出てくる絵本を見せ、子やぎになって草を食べに行くことを伝えます。

子やぎさんになって、おいしい草を食べに行こう！
はーい
行くー

2

障害物を乗り越え、草を取ったら、食べるまねをしてかごに入れて終了です。

子やぎさんがんばって！
ジャンプ！
平均台
マット
2本橋
(平均台を2台並べる)
巧技台
お山(巧技台とマットを組み合わせる)
わー、草だ
おいしい草ですよ
20㎝くらいのスズランテープを、3～4本束ねて草にします。

ロボットごっこ

ねらい

ロボットになったつもりで、ロボットの動きを表現して遊ぶ。

1 子どもたちはロボットの手足に自分の手足を通して、ロボットに変身します。

ロボットの手足の作り方

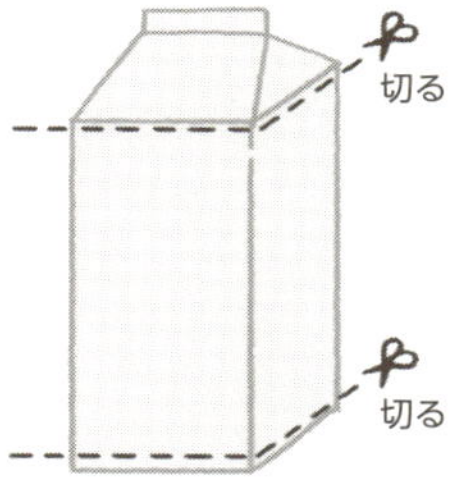

牛乳パック（1L）の上下を切り取る。

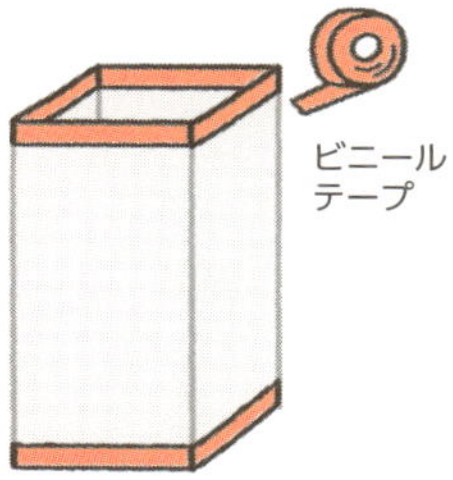

切り口の保護と装飾を兼ねて、ビニールテープを巻く。これを1人につき4個作る。

2 保育者がリードしながら、ロボットらしい動きで遊びます。

●ロボット歩き

ぎこちなく歩いたり走ったりします。

●ロボットおしゃべり

ゆっくり、途切れ途切れに話します。

●コントローラー遊び

保育者がコントローラーを持ち、子どもたちにいろいろな指示を出します。

リレーでパズル

パズル盤を床に置き、「スタート」の合図で1人ずつピースを運んで絵の上に載せます。載せたら次の子に交代して、パズルを完成させます。

ねらい

みんなで協力してパズルを完成させ、達成感を共有する。

パズルのピースと盤の作り方

（パズルのピース）

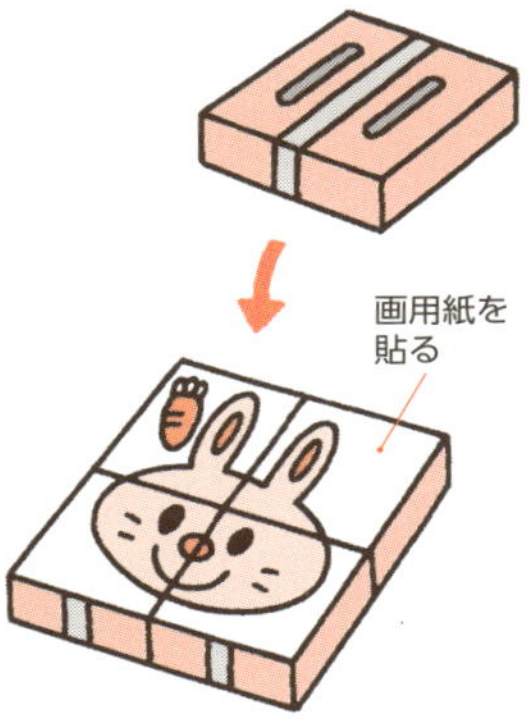
画用紙を貼る

ティッシュケースを２つつなげて表面に画用紙を貼る。これを４つ用意して並べ、絵を描く。

（盤）

ティッシュケース８個分の大きさの画用紙

完成したパズルと同じ大きさの画用紙に、同じ絵を描く。

絵をよく見て
同じ所に
並べてね

わたしのは
どこかな

あ、
わかった！
えーと
これは…

フワフワボール投げ

床に子ども1人が入れる円を描き、その中に立ちます。ポリ袋に空気を入れて作ったボールをいろいろな投げ方で投げて遊びます。

円の中から
投げてね
やらせてー
フワフワ
えいっ

ねらい

ポリ袋のボールを思い切り投げることを楽しむ。

上に投げて
みましょう
ポイッ
クル
クル
えいっ
高いでしょう
回ってポーン!

遊び案執筆（50音順）

浅野ななみ（乳幼児教育研究所）

片山喜章（社会福祉法人種の会、神戸常盤大学客員教授）

菊池一英（日本児童教育専門学校専任講師）

木村 研（児童文学者、おもちゃ・遊びの研究家）

須貝京子（NPO 法人あそび環境 Museum アフタフ・バーバン）

高崎はるみ（あそび工房らいおんバス）

渡辺リカ（アトリエ自遊楽校）

表紙・扉絵	たちのけいこ
本文イラスト	有栖サチコ、加藤マカロン、川添むつみ、坂本直子、たかぎ*のぶこ、常永美弥、中小路ムツヨ、にしだちあき、野田節美、町塚かおり、みやれいこ、渡辺優子
カバー・扉デザイン	株式会社リナリマ
本文デザイン・DTP	株式会社フレア、株式会社エディポック
楽譜浄書	株式会社クラフトーン
本文校正	有限会社くすのき舎
編集	石山哲郎、田島美穂

まいにち元気！ 2歳児のあそびBOOK

2016年2月 初版第1刷発行
2018年2月 第2刷発行

編者／ポット編集部 ©CHILD HONSHA CO.,LTD.2016
発行人／村野芳雄
発行所／株式会社チャイルド本社
〒112-8512 東京都文京区小石川5-24-21
電話／03-3813-2141（営業） 03-3813-9445（編集）
振替／00100-4-38410
印刷・製本／共同印刷株式会社
ISBN978-4-8054-0241-2
NDC376 24×19cm 80P Printed in Japan
<日本音楽著作権協会（出）許諾第1514226-702号>